AF226606

ÉTUDE

SUR

CONDORCET

ÉTUDE

SUR

CONDORCET

LECTURE FAITE

A LA SÉANCE DE RENTRÉE DES CONFÉRENCES

le 14 janvier 1876

PAR

Victor MARTINAIS

Avocat à la Cour d'appel de Grenoble.

GRENOBLE

IMPRIMERIE F. ALLIER PÈRE ET FILS

Grande-Rue, 8, cour de Chaulnes.

1876

Monsieur le Batonnier,

Messieurs, mes chers Confrères,

Lorsque vous m'avez appelé à l'honneur de prendre devant vous la parole à cette première conférence, j'ai vivement senti combien j'étais peu préparé à traiter devant un auditoire d'élite un sujet littéraire. Le souvenir encore vivant de l'art oratoire et du talent de bien dire, par lesquels mes prédécesseurs avaient su, dans des sujets divers, captiver et charmer notre attention, augmentait mon inquiétude, et je ne voyais à mon embarras d'autre remède que le choix d'un sujet assez curieux et intéressant pour n'avoir besoin d'aucune parure.

Mais le choix de cet heureux sujet était lui-même fort délicat et mes recherches furent assez longtemps sans résultat. Enfin, après bien des hésitations, je me suis décidé à vous entretenir de l'un des publicistes qui ont illustré la fin du XVIIIe siècle, et à vous lire une étude sur Condorcet. Cet écrivain n'est pas, il est vrai, né dans le Dauphiné, et on ne le cite pas d'ordinaire parmi les hommes célèbres que cette province a donnés à la France ; mais il n'en est pas moins, à mon avis, dauphinois, puisque, suivant toute apparence, les hasards de l'existence militaire de son père ont seuls éloigné sa naissance de notre pays et du château paternel. Nous pouvons donc exercer une sorte de revendication sur sa gloire, et le considérer comme un des plus nobles enfants de notre province. Bien qu'il n'ait pas été jurisconsulte, bien que quelques travaux sur la législation ne forment qu'une faible partie de ses œuvres, il n'en est pas moins digne de notre étude et de notre sympathie. Sa vaste et puissante intelligence s'est appliquée avec un succès égal aux sciences exactes et aux sciences morales et politiques. Disciple et ami de Turgot, il a été l'un des vulgarisateurs des principes de l'économie politique, cette science nouvelle dont les rapides progrès ont jeté et jetteront encore de si vives lumières sur la base et les effets du droit, dont elle est restée trop longtemps séparée. Lorsque éclata la Révolution française, si Condorcet ne sut pas, armé de l'éloquence de Mirabeau, de Barnave ou de Vergniaud, entraîner les votes et forcer les convictions, il fut du moins avec Sieyès le publiciste le plus illustre de cette époque troublée, et de plus que Sieyès, sut mourir pour ses opinions et pour n'être pas complice du crime. Enfin, plus encore que son talent, la dignité de son caractère, son amour passionné de l'humanité commandent la sympathie et appellent l'attention,

Mais je ne puis aspirer à vous donner le récit complet de son existence si remplie et l'analyse de tous ses ouvrages ; trop de fidélité entraînerait trop d'ennui, et plusieurs heures ne suffiraient pas à terminer cette tâche. Je bornerai donc mes efforts à retracer les événements principaux de la vie de Condorcet, et, lorsque j'en trouverai l'occasion, à relever quelques erreurs qui ont cours sur cette vie, et dont on trouve l'origine dans les calomnies de ses adversaires politiques.

Parmi ses nombreux ouvrages je n'étudierai avec vous que les plus importants, et surtout ceux qui peuvent avoir quelque rapport avec l'objet de nos études ordinaires, c'est-à-dire la législation et l'économie politique.

Antoine Caritat, marquis de Condorcet, est né le 17 septembre 1743 à Ribemont, en Picardie. Son père était capitaine de cavalerie, et était né lui-même au château de Condorcet, près de Nyons en Dauphiné. Son oncle, qui fut successivement évêque de Gap, d'Auxerre et de Lizieux, a laissé, avec quelques mandements et opuscules théologiques contre les jansénistes, le souvenir, mentionné dans quelques ouvrages spéciaux sur le Dauphiné, de ses disputes avec les prêtres de ses diocèses. Le nom de Condorcet ne devait être illustré que par son neveu, et le retentissement qu'il eut dans la suite ne fut sans doute pas entièrement selon le cœur du vénérable prélat.

Condorcet perdit son père à quatre ans, et son éducation fut dirigée par sa mère, dont la dévotion plus ardente qu'éclairée le voua à la Vierge et au blanc ; jusqu'à dix ans environ, le futur philosophe porta des vêtements de fille, conformément au vœu fait par sa mère, et cette pratique bizarre l'isola de ses camarades et le priva des exercices physiques et des jeux de son âge. Il conserva, comme suites de cette première éducation, une constitution débile et une insurmontable timidité qui lui interdit les triomphes oratoires de l'improvisation.

Lorsqu'il eut environ douze ans, son oncle, pour achever son éducation, le fit entrer dans un collége de jésuites, qu'il ne quitta qu'en 1758 pour aller faire ses études mathématiques au collége de Navarre. Ce fut en effet sur ces sciences abstraites que s'ouvrit d'abord cette rare intelligence ; elles furent l'objet de ses premiers efforts et lui valurent ses premiers succès. Après dix mois d'études seulement, il soutenait devant Fontaine, Clairaut et d'Alembert, une thèse qui le fit saluer par ces illustres savants du titre de leur futur collègue à l'Académie des sciences.

De ses premiers succès je ne citerai que celui-ci, parce qu'il eut une influence décisive sur son avenir; cet encouragement venu de haut le décida à suivre la carrière scientifique, malgré l'opposition des membres de sa famille qui tous, prélats, hommes d'épée ou hommes de robe, le destinaient à la profession de son père. Aux jours même de sa plus brillante renommée, leur orgueil aristocratique ne lui pardonna jamais d'être un écrivain célèbre et non pas un capitaine de cavalerie. L'opposition commençait déjà entre la position de Condorcet et ses opinions; le déchirement ne tarda pas à se faire d'une façon irrévocable, et de tous les pas rapides et incessants qu'il fit dans cette voie, il n'en regretta, il n'en désavoua jamais aucun. Issu d'une des familles les plus anciennes et les plus nobles du Dauphiné, qui en a compté de si illustres, il fut contre son intérêt l'adversaire des priviléges, des titres de noblesse, plus tard de la royauté même. Élevé dans la dévotion la plus excessive, il atteignit le scepticisme le plus complet en matière religieuse; remarquable exemple de cette bizarre et pourtant fréquente destinée qui de nos jours est allée choisir Lacordaire chez les disciples des philosophes du xviiie siècle, et M. Renan au milieu d'un grand séminaire. — Les partis divers qui se disputent encore le privilége d'instruire la jeunesse, et pensent pétrir à leur gré une cire molle, que rien après eux ne pourra fléchir ou déformer, doivent donc s'attendre à voir dans l'avenir, comme dans le passé, leurs adversaires sortir de leurs propres écoles, et retourner contre eux des armes confiées pour accomplir d'autres desseins.

Je ne vous parlerai pas des ouvrages scientifiques de Condorcet, pour l'appréciation desquels je reconnais mon entière incompétence ; après avoir été honorés des éloges des plus grands savants du xviiie siècle, Lagrange, Euler, d'Alembert et bien d'autres, ils ont été dans notre siècle appréciés et vantés par une des illustrations de la science, François Arago, dans une longue notice lue à l'Académie des sciences le 28 décembre 1841. C'est à cette très remarquable biographie de Condorcet, faite sur des documents alors inédits, que j'emprunterai un grand nombre des détails de mon récit.

Il est cependant un de ces ouvrages scientifiques que je dois mentionner parce qu'il traite des mathématiques dans leurs rapports avec la jurisprudence. Le calcul des probabilités avait été inventé par Pascal, et un conseiller au parlement de Toulouse, Fermat. Condorcet imagina d'en faire l'application à l'étude des sciences morales et politiques ; cette application, vivement contestée dès le début, très discutée depuis, a produit dans quelques parties de ces sciences d'utiles résultats ; mais elle ne semble pas compatible avec les caractères spéciaux de la science juridique, et paraît manquer, sur ce point, de bases précises.

L'éclat des travaux scientifiques de Condorcet attira sur lui les regards et le choix de l'Académie des sciences dont il fut élu membre en 1769, à l'âge de vingt-six ans. Quelques années plus tard, il devint secrétaire perpétuel de cette illustre compagnie, et c'est en cette qualité qu'il prononça les éloges d'un grand nombre de savants, parmi lesquels je citerai seulement notre compatriote Vaucanson, dont il avait été l'ami, le géomètre Fontaine, le voyageur La Condamine, les botanistes Jussieu et Linné, Euler, fameux comme savant et comme philosophe, Franklin, illustre à tant de titres divers, Buffon, qui avait été l'adversaire personnel et souvent mesquin de Condorcet, et qui n'a jamais été loué plus dignement que par celui-ci, d'Alembert enfin, qui, pauvre à son lit de mort, légua à Condorcet la charge de nourrir deux vieux et dévoués serviteurs, et dont la confiance ne fut pas trompée.

Ces éloges sont écrits d'un style précis, parfois énergique, presque toujours élégant. Ils ont surtout un mérite bien rare dans les éloges faits par des contemporains, c'est leur impartialité. Condorcet a su s'élever au-dessus des sollicitations qui l'environnaient, des haines et des affections également

aveugles qui se disputaient la mémoire des défunts ;
il a enfin dominé ses propres sentiments, car il avait
été en relations avec presque tous ceux qu'il a loués ;
il a su faire à la fois œuvre de connaissance et
œuvre de conscience. — Un exemple choisi entre
bien d'autres montrera quel était son respect de la
vérité et de la morale publique. Sous le premier
ministère de Maurepas, mourut le beau-frère de ce
ministre, qui avait toute sa vie trafiqué des lettres
de cachet : Les académies sont souvent flattées
d'appeler à elles des ministres puissants, dont elles
regrettent le triste choix au jour de la disgrâce, et
le duc de la Vrillière avait été nommé membre de
l'Académie des sciences. Condorcet se trouva ainsi
chargé de faire son éloge, et Maurepas, qui lui aussi
savait se venger de qui osait lui déplaire, sut que
celui-ci ne s'en occupait pas ; il l'avertit de se hâter :
« Jamais, répondit Condorcet, je ne ferai l'éloge d'un
« ministre qui s'est fait le dispensateur des lettres
« de cachet. » Cette réponse hardie effraya ses amis
pour lui ; cependant elle n'eut pas de suites funestes,
et la rancune de Maurepas borna ses effets à empêcher l'élection de Condorcet à l'Académie française,
et à la retarder jusqu'après la mort de ce frivole
ministre.

En 1770, Condorcet fit avec d'Alembert un voyage
à Ferney, où il connut Voltaire, avec lequel, depuis

cette époque, il entretint une correspondance suivie ;
il était déjà, depuis sa jeunesse, lié avec Turgot ; ce
fut sans doute sous la double influence de Voltaire
et de Turgot qu'il abandonna l'étude exclusive des
sciences mathématiques pour tourner son intelligence vers les lettres et les sciences morales et politiques. — Sa première production en ce genre porte
en effet, dans le fond et dans la forme, la trace ma-
nifeste de l'influence de Voltaire. Ce fut un pamphlet
d'une hardiesse extrême contre un écrivain assez
méprisable du reste de cette époque, Sabbatier de
Castres. Ce fut sous le voile de l'anonyme que
Condorcet publia cet écrit audacieux où la raillerie,
passant par-dessus la tête de Sabbatier, était dirigée
contre le clergé tout entier. Voltaire, auquel l'ouvrage fut attribué, fut effrayé de son retentissement,
et en blâma la témérité et l'inopportunité. Voltaire
était en effet plus prudent dans ses attaques, et
volontiers flattait le roi, les prélats, les ministres et
jusqu'à Mme de Pompadour, pour attaquer plus
sûrement les doctrines religieuses. Condorcet, au
contraire, avait osé flageller hardiment les abus et
les mœurs du haut clergé de cette époque, attaquer
les injustices du pouvoir et des parlements et
ébranler la base même de la royauté de droit divin.
Voici en effet la phrase qui inquiétait Voltaire le
plus vivement : « Vous dénoncez les philosophes
aux princes ! Est-ce parce qu'ils ont osé dire que

c'est du peuple que les princes ont reçu l'autorité, et qu'ils ne doivent l'employer que pour l'avantage du peuple? »

Les craintes de Voltaire n'étaient pas sans fondement; heureusement l'éclat de cette brochure se perdit un peu au milieu des espérances et de l'enthousiasme qu'éveilla l'avénement de Louis XVI, et parmi les difficultés de toute nature léguées au nouveau gouvernement par le triste règne qui venait de finir.

Condorcet continua à entretenir des relations très amicales avec Voltaire, et dans ses rapports avec ce grand maître de l'opinion au xviiie siècle, sut conserver la dignité de son caractère et l'indépendance de sa pensée. Entouré, comme toutes les grandes puissances, de flatteurs complaisants et désireux d'obtenir à tout prix les immortelles et trop faciles louanges de ses vers, Voltaire supportait difficilement la contradiction. Condorcet ne la lui ménageait pas cependant, et sur les sujets qui devaient lui être le plus sensibles. C'est ainsi qu'il décida cet irascible vieillard à supprimer un factum dans lequel il cherchait à rabaisser une fois de plus le génie de Montesquieu, contre lequel il éprouvait une vive antipathie. Il ne craignit pas davantage de froisser l'amour-propre littéraire de Voltaire, en critiquant assez vivement sa dernière production, la faible tragédie d'Irène, dont il l'engagea à ajourner la représentation. Voltaire y consentit et corrigea sa tragédie; mais, hélas! les corrections n'ont pu lui donner l'énergie et le feu qui lui manquaient.

Condorcet, qui était entré dans la carrière littéraire d'une façon un peu bruyante, la continua par une œuvre plus calme. Il publia un éloge de Pascal, qu'il fit suivre d'une édition annotée des pensées de ce philosophe. L'éloge, et c'est un rare mérite, apprécie dignement et avec finesse le talent de l'immortel moraliste, du profond penseur du xviie siècle; sans doute Condorcet mêle bien à l'expression de son admiration un certain nombre de restrictions souvent justes; mais il ne descend jamais jusqu'au dénigrement passionné de Voltaire à l'égard de Pascal. La même observation s'applique au commentaire que Condorcet joignit à son édition des Pensées. — Il avait constaté, en étudiant une copie du manuscrit de Pascal, que les solitaires de Port-Royal avaient supprimé un assez grand nombre des pensées dont la hardiesse les avait effrayés. L'âme ardente de Pascal avait d'avance sondé les terribles doutes et abordé les questions qui devaient plus tard troubler l'humanité; de là des pensées d'une hardiesse étrange pour le temps, qui avaient paru à Port-Royal ou folles ou dangereuses. Condorcet les rétablit dans le texte, mais se rendit coupable d'une fraude toute semblable et bien moins excusable, dont on a cependant exagéré l'étendue. On l'a accusé, et le reproche a eu un grand retentissement, d'avoir altéré et falsifié le texte de Pascal. Cette imputation est mal fondée et les mots ajoutés dans son édition existent réellement dans le manuscrit des Pensées; mais, et le fait, même ramené à ces justes proportions, mérite encore un blâme assez sévère, Condorcet a fait quelques suppressions systématiques, sous le prétexte déclaré dans sa préface, d'éliminer des pensées sans importance ou indignes de leur auteur. Je dois dire, toutefois, que cette édition n'était pas destinée à la publicité et ne fut pas mise en vente. Imprimée aux frais de l'auteur, elle fut distribuée par lui à ses amis, et fut plus tard réimprimée sans sa participation.

Condorcet, secrétaire perpétuel de l'Académie des sciences, savant célèbre, auteur d'éloges justement remarqués comme modèle du genre, était connu dans l'Europe savante toute entière. Il n'hésita pas cependant à compromettre cette précoce renommée dans un concours ouvert par l'Académie française; le sujet indiqué était l'éloge de l'Hopital. La beauté de ce sujet exalta l'âme de Condorcet qui le traita, mais se mit presque de lui-même hors de concours; l'Académie demandait une déclamation courte et brillante, genre alors à la mode et où Thomas excellait. Condorcet envoya une histoire complète et savante de l'Hopital et de son temps, qui est encore après les progrès de la science historique restée un bon et utile ouvrage. Le prix fut décerné à l'abbé Remy, et La Harpe paraît avoir indiqué les motifs qui décidèrent l'Académie à écarter l'ouvrage de Condorcet. L'un de ces motifs fut la trivialité des expressions *échalas carrés, bûches* et *petits pâtés* employées par l'auteur dans l'éloge d'un chancelier ; « Bossuet, ajoute La Harpe, en aurait été un peu étonné. » Condorcet, en effet, dans une note avait cité, comme preuve des abus ridicules du système réglementaire, quelques ordonnances curieuses de l'Hopital. Puisque nous ne sommes pas à l'Académie, permettez-moi, Messieurs, de vous citer quelques lignes de cette malheureuse note dont les détails juridiques peuvent nous intéresser :

« L'Hopital régla le nombre des mets qu'on pouvait faire servir dans un festin, ce qu'un voyageur devait dépenser dans une auberge, l'espèce de viande qu'il lui serait permis de manger. Les cuisiniers, les hôteliers étaient condamnés à des peines afflictives s'ils violaient ces règlements. D'autres lois déterminaient la forme des hauts-de-chausses et des vertugadins, défendaient de faire des bûches et des échalas carrés, de manger des agneaux et des volailles en certains temps de l'année. Enfin l'Hopital défendit de crier des petits pâtés dans les rues, pour ne pas exposer les pâtissiers à *l'oisiveté*, et le public à des *indigestions*. »

Ces détails, qui semblent à La Harpe subversifs de toute dignité oratoire, et indignes d'être rapportés, même dans une note, sont du moins instructifs, et nous rappellent en outre que les railleries de Condorcet et des économistes n'ont point encore détruit chez nous tous les abus du système réglementaire. C'est ainsi, pour ne citer qu'un exemple, qu'une loi non abrogée défend au propriétaire de vendre ses blés en vert, afin de prévenir les famines. Les gouvernements n'ont pas cessé d'être persuadés qu'ils comprennent l'intérêt des citoyens, mieux que ces citoyens eux-mêmes.

Vers la même époque, Condorcet publia des *Réflexions sur la jurisprudence criminelle*, dans lesquelles il attaqua la législation barbare et insensée qui condamnait à la peine de mort en cas de récidive, les malheureux qui se livraient à la contrebande du sel.

Quelques années plus tard, dans un volumineux et remarquable *Recueil de pièces sur l'état des protestants*, il se fit l'avocat éloquent de la liberté de conscience que Louis XVI eut l'honneur d'établir en France, comme il eut celui d'abolir le servage et la torture préalable. Condorcet, dans cet écrit, après avoir étudié dans ses détails cette législation qui frappait les protestants de mort civile, déclarait nuls leurs mariages, leurs épouses concubines, et leurs enfants bâtards, proposait un projet d'ordonnance et une réforme bien modestes; car il fallait peu demander pour obtenir quelque chose dans ce siècle au milieu duquel on pouvait constater que plus de deux cents protestants avaient été envoyés aux galères pour cause de religion, par le seul parlement de Grenoble. Suivant le projet de Condorcet la religion catholique serait restée religion de l'État; son culte seul aurait été public et elle aurait conservé ses principes; mais il aurait été constitué aux protestants un état civil organisé à peu près comme celui que la Révolution française a rendu applicable à tous les citoyens, sauf que l'officier de l'état civil des protestants aurait été un magistrat de l'ordre judicaire. En outre, les protestants auraient pu exercer leur culte dans l'intérieur de leurs maisons et, comme nous dirions aujourd'hui, tenir des réunions privées. Les réunions publiques et ouvertes à tous seraient restées le privilége de la religion d'État.

Condorcet ne se contenta pas d'écrire sur la tolérance et la justice; il fut en outre l'auxiliaire dévoué de Voltaire dans plusieurs des procès que ce dernier a immortalisés en s'y faisant l'avocat des opprimés.

En 1766, le chevalier de La Barre, âgé de dix-huit ans, accusé d'avoir sur un chemin public mutilé un crucifix, avait été condamné au bûcher et exécuté;

son ami, le chevalier d'Etallonde, condamné par contumace, était en fuite et devait à la protection de Voltaire de trouver à l'étranger un asile et une position. Ce supplice avait frappé de stupeur les philosophes dont les livres, entre autres le *Dictionnaire philosophique* de Voltaire, avaient été jetés sur le bûcher de La Barre et consumés avec lui comme complices de son crime. Leurs adversaires enhardis répétaient tout haut que l'on n'arriverait à rien tant que l'on ne brûlerait que des livres, et ce cri barbare trouvait de l'écho dans les parlements. Les malheureux condamnés trouvèrent cependant des défenseurs courageux, parmi lesquels des magistrats, des avocats; mais nul n'apporta à cette tâche plus d'ardeur et autant de talent que Voltaire, qui ne put sauver La Barre, mais, sur les conseils et avec l'aide de Condorcet, provoqua la révision et la purge de la condamnation de d'Etallonde.

Un autre procès, resté tristement célèbre, réunit, dans un but de justice et d'humanité, les efforts de Voltaire et de Condorcet. Ce fut l'affaire du général dauphinois, Lally-Tollendal, gouverneur-général des Indes. Le gouvernement français ne lui avait envoyé que des ressources insuffisantes et dérisoires. A son retour en France, il fut accusé de concussion et de trahison pour n'avoir pu défendre indéfiniment Pondichéry avec 700 hommes contre 22,000 Anglais. Le parlement de Paris lui refusa un défenseur et le condamna à mort; il fut mené à l'échafaud un baillon à la bouche, pour étouffer sa voix et ses révélations. Cette iniquité révolta l'opinion publique, et Voltaire se fit le défenseur de la justice outragée par ses propres ministres, en appuyant la réclamation du fils de Lally, pour obtenir la révision de ce procès. Ces efforts furent couronnés de succès à l'avénement de Louis XVI, qui ordonna cette révision, et par arrêt du Parlement la condamnation fut annulée et la mémoire de Lally réhabilitée. Voltaire, à son lit de mort, apprit cette réhabilitation et écrivit au jeune Lally ces lignes suprêmes, les dernières que sa main ait tracées : « Le mourant ressuscite en apprenant cette bonne nouvelle; il embrasse bien tendrement M. de Lally; il voit que le roi est le défenseur de la justice; il mourra content. » Il mourut en effet trois jours plus tard, et ce fut Condorcet qui se chargea de venger sa mémoire contre les attaques de ses ennemis, et de continuer seul la justification entreprise par Voltaire. L'occasion s'en présenta bientôt. Un plaidoyer de d'Epresménil, dans l'affaire de Lally, attaqua violemment et la mémoire du condamné et celle de Voltaire. Condorcet, dans une *Réponse* d'une éloquente indignation, sut rappeler le défenseur des juges de Lally au respect de la justice et de la conscience, et tout en indiquant les motifs secrets de cette inique condamnation, loua digne-

ment le zèle généreux du défenseur de Calas, Sir-
ven, La Barre et tant d'autres innocents.

L'âme ardente de Condorcet le poussa encore une
fois dans la mêlée judiciaire à l'occasion d'un autre
procès célèbre au XVIIIe siècle sous le nom de procès
des trois accusés de Chaumont. Trois personnes
inculpées de ce que nous appelons aujourd'hui vol
qualifié, avaient été, après une procédure secrète
mal instruite, et sur des témoignages intéressés et
contradictoires, condamnées au supplice de la roue
par arrêt du parlement de Paris. Quelques magistrats, convaincus de l'innocence des condamnés,
obtinrent de la justice royale un sursis à l'exécution. Il parut alors un mémoire pour les accusés
dont le parlement, par arrêt du 20 avril 1786, ordonna la suppression et qu'il fit brûler par la main
du bourreau. Dupaty, président du parlement de
Bordeaux, eut le courage de s'en déclarer l'auteur
et voulut faire opposition à l'arrêt. Il est triste de
dire qu'il ne put trouver un procureur pour se char-
ger de cette opposition. D'autre part, l'ordre des
avocats traduisit devant lui l'avocat le Grand de la
Leu, qui avait signé le mémoire, et malgré sa défense pleine de dignité, que Condorcet nous a trans-
mise, le frappa d'une peine disciplinaire qu'on appelait *incommunication provisoire,* dont l'effet était
de mettre celui qui en était frappé en une sorte de
quarantaine. Ses confrères ne pouvaient lui adresser

la parole et communiquer avec lui sans une per-
mission spéciale.

Condorcet intervint alors et publia d'abord un
mordant récit de ce qui s'était passé au parlement
de Paris le mercredi 20 avril 1786; il blâma surtout
justement et avec une ironie amère le réquisitoire
de l'avocat général Segmer, indigne des nobles tra-
ditions de sa famille, et la conduite partiale du
président d'Ormesson.

Ce premier écrit fut suivi des *Réflexions d'un
citoyen non gradué sur un procès très connu.* Ce
citoyen non gradué discute les questions de preuves,
et celles de formalités, avec la compétence et l'ha-
bilité d'un vieil avocat. Il est vraiment curieux
de voir un savant exceller de prime abord dans la
dialectique judiciaire et l'analyse des faits d'une
cause criminelle, et il est triste qu'à quelques époques, il ait fallu chercher ailleurs que dans le
barreau des défenseurs à l'innocence.

Je ne sais si ce procès commença les relations
de Dupaty et de Condorcet; s'il en fut ainsi, la bonne
action de ce dernier fut bientôt récompensée. Ce fut
dans le courant de la même année que Condorcet
rencontra dans une réunion de famille une nièce de
Dupaty et de Fréteau, président au parlement de
Paris, Mlle de Grouchy, sœur du futur maréchal de
France qui n'était alors que simple lieutenant aux
gardes du corps. La beauté, la grâce et l'esprit de

celle-ci charmèrent Cordorcet qui demanda et obtint sa main, et plus tard aux jours de la proscription trouva dans sa compagne un courage et un dévoue-ment à la hauteur de toutes les épreuves. Il paraît que ce mariage scandalisa fort les salons de la fin du XVIIIe siècle, où il était admis qu'un savant doit fuir toute distraction, surtout le mariage, et ren-fermé dans ses études, rester au-dessus de toutes les passions humaines. Mais Condorcet, qui avait bravé bien d'autres préjugés, s'inquiéta fort peu de cette mode bizarre, et dut se féliciter de ne s'y être pas conformé.

Je laisse de côté au sujet du mariage de Condor-cet une romanesque et folle histoire, dépourvue de tout fondement, que M. Michelet a eu le tort d'ac-cueillir trop légèrement dans son *Histoire de la Révolution,* et que d'autres écrivains encore ont mentionnée; elle ne mérite d'être ni racontée ni discutée devant vous. Non moins absurde et bien plus perfide est une autre imputation, qui fut lan-cée contre Condorcet pendant la Révolution fran-çaise par ses adversaires politiques. D'après ce bruit calomnieux, à l'époque du mariage de Condorcet, le duc de La Rochefoucauld aurait constitué à sa parente, la future épouse, une dot de cent mille francs, dont il ne devait payer que les intérêts; plus tard, Condorcet, séparé du duc par des dissenti-ments politiques, aurait eu l'ingratitude d'exiger le paiement immédiat du capital. Il est aujourd'hui prouvé que cette calomnie était dépourvue de tout fondement. Mme de Condorcet ne reçut aucune dot, et Condorcet ne réclama jamais au duc de La Rochefoucauld, ni à tout autre de ses parents, ni intérêts ni capital. Il n'y a peut-être eu sur aucun homme célèbre plus de calomnies en circulation que sur Condorcet; c'est qu'en effet, ce défenseur ardent et passionné des droits de l'humanité, dédaignait toutes les attaques dirigées contre sa personne et ne voulut jamais prendre la plume pour relever les nombreuses calomnies lancées contre lui; ses adversaires ont abusé de ce fier dédain, et sa mémoire est encore chargée des bruits absurdes et odieux qu'il a connus et méprisés. J'aurai l'occasion de vous en signaler encore plusieurs, mais les limites de mon récit m'obligent à en laisser beaucoup de côté.

Je vous ai parlé des relations de Condorcet avec Voltaire; pour en finir avec ce sujet, je vous rappellerai que Condorcet fut l'un de ceux qui préparèrent la première édition des œuvres de Voltaire, connue sous le nom d'édition de Kehl; ce fut lui qui s'occupa de réunir cette vaste correspondance qui fut alors publiée pour la première fois. Par un scrupule excessif, mais assurément très honorable, Condorcet ne publia pas parmi celles de ces lettres qui lui avaient été adressées, celles qui contenaient des éloges que Voltaire lui donnait. Il rédigea, en outre, pour cette édition des avertissements et un grand nombre de notes.

Enfin, en 1789, il publia une *Vie de Voltaire*, le premier ouvrage important qui ait paru sur ce célèbre écrivain ; cette vie, très complète et très consciencieuse, a été la base des travaux historiques qui ont été faits sur le même sujet. Elle est l'œuvre d'un écrivain très remarquable ; mais on peut lui reprocher une admiration excessive et trop exclusive qui nuit parfois à l'impartialité de l'histoire ; Condorcet s'est trop souvenu de ses relations amicales avec le patriarche de Ferney, il a peut-être aussi trop écouté l'ardeur de ses propres convictions, et n'a pas fait toujours les restrictions que tout le monde aujourd'hui reconnaît nécessaires, lorsque l'on parle d'un homme aussi mobile et passionné que le fut Voltaire.

J'ai laissé jusqu'ici de côté plusieurs ouvrages de Condorcet qui ont eu pour objet l'étude et la vulgarisation de diverses parties de l'économie politique ; il est temps d'y revenir et de les mentionner ; car ces travaux ont été à la fois de bons ouvrages et de bonnes actions.

A propos de Condorcet, j'ai déjà prononcé le nom de Turgot ; c'est qu'en effet ces deux hommes furent profondément unis, unis par l'amitié, unis par leurs opinions et leur amour du bien et de l'humanité. Turgot a été le grand initiateur de l'économie politique en France au XVIIIe siècle, celui qui a pu et osé porter dans la pratique l'application des grandes vérités économiques que l'on commençait à entrevoir, et que nul n'a perçues avec plus de netteté. Turgot mérite également la gloire comme ministre et comme écrivain; ministre, on connaît son œuvre dont l'achèvement et le maintien auraient peut-être prévenu la Révolution française; économiste, il a laissé l'empreinte du génie sur toutes les matières qu'il a traitées. Formation et circulation de la richesse, théorie du crédit, liberté du commerce, impôts, prêt à intérêt, il a approfondi tout ce qu'il a touché; disciple lui-même des deux fondateurs de l'économie politique en France, Quesnay et Gournay, il ne s'absorbe dans aucune de ces deux écoles rivales et exclusives, il demeure indépendant comme il convient à son génie d'homme d'État. Il trouva dans Condorcet un auxiliaire dévoué et qui ne lui fit jamais défaut. Ils étaient convaincus tous deux que la propriété est, par son principe, supérieur à toute loi et à tout règlement, et qu'il importait de la dégager des entraves aussi injustes que funestes dont l'ancien régime l'enveloppait; ils avaient tous deux perçu nettement l'analogie complète qui réunit la propriété des choses et le droit naturel qui appartient à tout individu sur son travail, et ce droit naturel, cette propriété du travail était méconnue par l'existence des corporations, des maîtrises et de tout ce régime suranné dont il ne nous reste que le souvenir odieux.

Le droit de l'homme sur son travail et les produits de son travail entraîne comme conséquence, peut-être éloignée mais nécessaire, la liberté du commerce, et c'est sur l'application de ce principe dont la cause est définitivement gagnée dans la science moderne qu'eurent lieu les luttes les plus vives. Il était surtout alors un commerce que l'on ne croyait jamais enveloppé d'assez d'entraves et de règlements; toute discussion qui s'y rapportait passionnait tous les esprits parce qu'elle intéressait l'alimentation publique et la vie des citoyens, c'était le commerce des blés. Sur ce terrain faire appel à toutes les mauvaises passions de la multitude était aussi aisé que coupable; les adversaires des économistes n'hésitèrent point à le faire. C'est au milieu d'une lutte qui avait amené l'effusion du sang que Condorcet publia sur cette matière deux ouvrages importants. Permettez-moi de vous rappeler rapidement quelques-unes des circonstances qui en précédèrent et en amenèrent la publication.

« Vers 1750, dit Voltaire, la nation rassasiée de vers, de tragédies, de comédies, d'opéras, de romans, d'histoires romanesques, de réflexions morales plus romanesques encore, et de disputes théologiques sur la grâce et sur les convulsions, se mit enfin à raisonner sur les blés. » C'est, en effet, à cette époque que l'un des principaux fondateurs de l'économie politique, Quesnay, essaya, le premier en France, de soumettre les phénomènes de la production et de la circulation des richesses à une analyse rigoureuse et scientifique ; il fut le chef de cette école des économistes connus sous le nom de *physiocrates*. Quesnay eut plusieurs disciples célèbres, entre autres Gournay, dont les doctrines diffèrent des siennes sur plusieurs points importants, et Mercier de la Rivière. Leur analyse de la production fut très inexacte et incomplète, car, appuyés sur leur théorie du produit net, ils enseignaient que l'agriculture seule a la faculté de créer des valeurs réelles et échangeables, et méconnaissaient, surtout Quesnay, la puissance productrice de l'industrie. Adam Smith, après eux, et Jean-Baptiste Say ont rectifié et achevé depuis la théorie de la richesse. Mais ces premiers économistes eurent la gloire de proclamer le principe de la liberté qui doit présider à la circulation des richesses, et de commencer la vulgarisation des vérités de l'ordre social. Ces hommes que l'on désignait sous le nom de *secte des économistes* se distinguaient profondément de l'école des philosophes ; bornant leurs efforts à l'étude de la constitution sociale de l'État, ils abandonnaient à ces derniers les discussions sur sa constitution politique. Leur caractère, essentiellement conservateur dans l'ordre politique, favorisait la diffusion de leurs idées dans l'ordre social, car ils trouvaient dans le pouvoir un point d'appui qui était refusé aux philosophes ; ils étaient, en effet, partisans d'un gouvernement despotique parce qu'il leur semblait plus facile de persuader leurs idées à un seul homme puissant que de les vulgariser dans la nation tout entière. Aussi Quesnay était-il dans les meilleures grâces de Louis XV, qui lui avait donné, à Versailles, un appartement dans son propre palais et l'appelait son *penseur;* c'est sous les yeux du roi qu'il écrivait ses ouvrages, pleins d'aphorismes sententieux et d'axiomes exprimés en style d'oracle infaillible qui, dans leur obscurité mystérieuse, comprenaient en germe la plupart des conquêtes de la Révolution.

Les philosophes finirent par s'occuper des idées propagées par ces obscurs travailleurs et en reproduisirent quelques-unes dans leurs ouvrages, parfois pour les répandre, souvent pour les railler ; Montesquieu combattait leurs doctrines sur la liberté du commerce dans son chapitre : « *A quelles nations il est désavantageux de faire le commerce* », et mêlait dans son *Esprit des lois,* à beaucoup de vérités économiques, un grand nombre d'erreurs qui ont été relevées par Destutt de Tracy dans son commentaire de ce chef-d'œuvre de notre langue. Voltaire se faisait l'apologiste du luxe des grands et de tous les lieux communs les plus faux de l'école mercantile sur la balance du commerce et la sortie du numéraire. Il y aurait une étude curieuse à faire sur Voltaire économiste; son *Homme aux 40 écus* est dirigé contre le système des physiocrates et ridiculise des opinions qu'il reproduit souvent d'une façon très inexacte; d'autres fois, mieux inspiré, il combat les servitudes féodales et les abolit dans le pays de Gex. Là, comme ailleurs, il se distingue par des sentiments généreux et des idées souvent inexactes. Il fut cependant un auxiliaire puissant des économistes, et, dans ses dernières années, converti par Turgot, se rallia à beaucoup de leurs idées.

L'école des économistes naissait à propos pour la défense du droit de propriété qui commençait à être attaqué dans son principe, et dont les conséquences étaient si méconnues sous l'ancien régime. Vous connaissez les étranges paradoxes de Rousseau dont se souvinrent trop bien les chefs de la Révolution, depuis Mirabeau jusqu'à Robespierre; ce n'étaient là que d'innocents jeux d'esprit en comparaison des théories bien plus hasardées de l'un de nos compatriotes, le paisible et vertueux abbé Mably. Dans son *Droit public de l'Europe*, ce dernier ne proposait rien moins que la suppression complète de la propriété, de l'inégalité des fortunes, et du commerce ; la terre sera cultivée par tous les citoyens dont le plaisir du travail commun fera d'infatigables travailleurs ; les musées, les bibliothèques seront supprimées comme choses inutiles et perverses, et le communisme le plus absolu régnera sur le monde.

Tandis que Rousseau, Mably et bien d'autres construisaient à leur gré des sociétés nouvelles et s'efforçaient de faire de chaque homme le rouage inconscient d'une vaste administration, les économistes défendaient la liberté de la propriété et celle du commerce; à côté d'eux les philosophes attaquaient avec vivacité les abus de l'ordre politique, et ces deux sectes, bien distinctes, démolissaient ainsi pièce à pièce l'ancien régime. Ces doctrines diverses venaient comme deux courants opposés se réunir dans un réservoir commun pour aboutir au même résultat; les salons du XVIIIe siècle discutaient ces questions du jour, charmés de ces idées dont la plupart ne soupçonnaient pas les conséquences dernières.

Vous connaissez, Messieurs, ce personnage d'une comédie contemporaine auquel on veut faire signer une sorte de donation par contrat de mariage : « Mais il ne s'agit que de ma mort là dedans », dit-il avec un effroi comique. Moins prévoyantes, les classes privilégiées de l'ancien régime, la noblesse et le clergé, acceptaient les doctrines nouvelles et les répandaient avec insouciance, sans les comprendre ; les seigneurs riaient des droits féodaux, le clergé des dîmes, car cela était de bonne compagnie, on voulait jouir des abus et non pas paraître dupe de leur légitimité. On joua gaiement avec le danger, jusqu'au jour où l'arme qu'on croyait inoffensive tomba au tiers-état et aux classes populaires dont la forte main en frappa d'un coup mortel cette société imprudente et coupable.

Sous l'ancienne monarchie, le gouvernement avait réglementé minutieusement le commerce des blés ; on croyait alors qu'il y avait de grands dangers à laisser le blé circuler librement d'une province à l'autre et à en permettre l'exportation ; aussi, sous prétexte de prévenir la famine, le système réglementaire était arrivé à l'organiser réellement. Turgot, pendant son intendance de Limoges, avait fait l'expérience de la liberté de circulation, et par cette liberté, pendant la famine de 1770, avait maintenu à 17 livres dans sa province le blé qui en valait 45 à Paris. A l'avénement de Louis XVI, lorsqu'il fut appelé au ministère, l'un de ses principaux actes fut l'abolition complète du système réglementaire, et l'extension de la liberté du commerce des blés à la France tout entière. Malheureusement cette réforme coïncida avec une mauvaise récolte. Les ennemis intéressés du mi-

nistre réformateur trouvèrent dans la cherté re-
lative des grains un prétexte à leurs attaques, et
soudoyèrent dans plusieurs villes des séditions dont
le but était d'affamer la capitale et de la soulever
à son tour. L'émeute connue sous le nom de *guerre
des farines* éclata en effet à Paris; des bandes d'in-
surgés pillaient les magasins, coulaient les bateaux
chargés de blés; les grains n'étaient pas enlevés,
mais détruits et noyés. Turgot, bien que mal se-
condé par le roi lui-même, réprima l'émeute, et
assura l'approvisionnement de Paris qui avait été
menacé. De la rue l'opposition passa dans les
pamphlets et les brochures, et c'est dans cette lutte
plus pacifique que Condorcet intervint par deux réponses à Necker.

Le jour même où l'émeute, suivant sa marche,
éclatait à Paris, paraissait l'ouvrage de Necker sur
la législation des grains. Celui-ci y soutenait le système réglementaire et prohibitif; il y développait
le principe de l'intervention du pouvoir dans tous
les actes des citoyens. Le gouvernement, selon lui,
devait être pour ses sujets une sorte de providence
sans cesse en éveil sur tous les intérêts; Necker
raille assez agréablement l'idée qu'il puisse exister
des principes certains en économie politique, et dans
la discussion émet les hypothèses les plus hasardées et méconnaît de la façon la plus complète la
réalité des faits. Il ne consent à tolérer la propriété

et le commerce qu'à la condition que l'un et l'autre seront enveloppés de restrictions et à la merci de l'autorité. Ce livre était, comme on l'a dit, un long réquisitoire contre le droit de propriété au nom du droit de l'humanité, et l'on y trouvait des passages tels que celui-ci : « On dirait qu'un petit nombre d'hommes, après s'être partagé la terre, ont fait des lois d'union et de garantie contre la multitude comme ils auraient mis des abris dans les bois pour se défendre contre les bêtes sauvages. Cependant, on ose le dire, après avoir établi des lois de propriété, de justice et de liberté, on n'a presque rien fait encore pour la classe la plus nombreuse des citoyens : « Que nous importent vos lois de propriété, « pourraient-ils dire? nous ne possédons rien. Vos « lois de justice? nous n'avons rien à défendre. « Vos lois de liberté? si nous ne travaillons pas de-« main, nous mourrons. »

Ces attaques contre la propriété et les doctrines des économistes expliquent les sympathies un peu compromettantes des écrivains socialistes, et surtout de M. Louis Blanc pour Necker; ils n'ont rien écrit de plus fort contre ce droit. Le reste du livre était la reproduction des objections de Galiani contre la liberté du commerce des blés.

Condorcet fit deux réponses à Necker : la première, la *Lettre d'un laboureur de la Picardie à Monsieur N..., auteur prohibitif*, est un spirituel

pamphlet où l'esprit s'allie à la raison et qui pour-
rait être signé de Frédéric Bastiat ; la seconde qui
est intitulée simplement : *Réflexions sur le commerce des blés*, est une œuvre considérable par son
étendue et son importance doctrinale. Condorcet
était philanthrope au moins autant que Necker,
mais il l'était autrement. Necker était persuadé que
les intérêts particuliers sont aveugles et courent à
leur perte si le législateur et l'administrateur ne les
dirigent. Condorcet croyait, au contraire, que l'intérêt général se confond avec la réunion des intérêts particuliers, et qu'il suffit de laisser à chacun
l'intégrité de son droit et la liberté d'agir à sa guise.
Sa devise était *ne pas trop gouverner* et son but de
dégager l'agriculture, l'industrie et le commerce de
leurs entraves et de leurs servitudes ; l'opposition
des intérêts particuliers devait ensuite produire
l'harmonie générale. Et c'est comme conséquence
de ces principes qu'il en venait à démontrer l'im-
périeuse nécessité de la liberté du commerce des
blés.

L'expérience plus tard donna raison à Condorcet ;
pendant le rude hiver de 1789 Necker mit en pratique les principes de son livre et intervint dans les
approvisionnements. Il fit acheter pour 45 millions
et demi de blé, ce qui représentait la consommation
de la France pendant trois jours. L'arrivée de cet
approvisionnement écarta les efforts bien autre-

ment efficaces de l'industrie privée et fit hausser les prix de 25 0/0. Au témoignage d'Arthur Young le prix de la mesure de blé qui, avec la libre concurrence, n'aurait pas atteint trente livres, s'éleva à cinquante et cinquante-sept livres. L'intervention philanthropique de Necker et du gouvernement coûta peut-être la vie à plusieurs milliers de personnes.

Pendant le ministère de Turgot et pour la défense de l'œuvre de ce ministre, Condorcet publia encore deux opuscules sur l'*Abolition des corvées* et n'eut pas de peine à démontrer l'iniquité d'un système qui mettait une dépense importante d'intérêt général à la charge des classes les plus nécessiteuses et parfois les moins intéressées. Il publia en outre un important article intitulé : *Monopole et monopoleurs.*

Mais le ministère de Turgot touchait à sa fin. Le faible Louis XVI, qui comprenait cependant la valeur de Turgot, céda aux clameurs de la cour et des parlements et le renvoya. Le ministre Maurepas eut recours, pour décider le roi, à un stratagème qui parut aux courtisans un excellent tour et que notre époque, que l'on dit pervertie, qualifierait plus sévèrement de faux en écriture privée ; il fit fabriquer de fausses lettres d'un prétendu ami de Turgot et des réponses de celui-ci où il attaquait le roi et la reine. Maurepas montrait au roi ces lettres en les supposant ouvertes par le cabinet noir. Turgot tomba et toute son œuvre avec lui. Au milieu des acclamations qui saluèrent sa chute, quelques voix courageuses s'élevèrent en sa faveur, et Voltaire le vengea par la *Diatribe à l'auteur des Éphémérides* et la belle *Épitre à un homme.*

Turgot emporta dans la retraite la douleur de n'avoir pu atteindre son but patriotique et mourut cinq ans après. Condorcet prononça à l'Académie des sciences un bel éloge de ce grand homme et de l'ami qu'il avait perdu. Il écrivit en outre une réponse aux accusations qui poursuivaient encore sa mémoire : *La vie de Turgot,* œuvre des plus remarquables et où le caractère et l'œuvre de ce ministre sont admirablement jugés. Au lieu de l'apprécier moi-même, permettez-moi de vous en citer quelques-unes des dernières lignes; elles contiennent le plus bel éloge peut-être qui ait été fait de Turgot : « Cet accord constant entre sa conduite et ses principes, ses sentiments et sa raison; cette réunion d'une justice inébranlable à la plus douce humanité, des vertus les plus fortes aux qualités les plus aimables, de la sensibilité à la fermeté de caractère, de la justesse de l'esprit à la subtilité, de la méthode dans les raisonnements à la hardiesse dans les idées, d'une analyse fine à des vues vastes, de la profondeur à l'exactitude dans les détails; ce mérite si rare d'avoir tout embrassé dans ses connaissances, et le mérite plus rare encore d'avoir porté dans ce vaste ensemble tant de netteté et de justesse ; cette constance inébranlable dans ses opinions sans les exagérer jamais : toutes ces qualités formaient un ensemble unique peut-être dans l'histoire des hommes, et qui ne pouvait se montrer que chez une nation paisible et cultivée, que dans un siècle éclairé. Quelques hommes ont exercé de grandes vertus avec plus d'éclat, ont eu des qualités plus brillantes ; ont montré dans quelques genres un plus grand génie, mais peut-être jamais aucun homme n'a-t-il offert à l'admiration un tout plus parfait et plus imposant. Il semblait que sa sagesse et sa force d'âme, en secondant les dons heureux de la nature, ne lui avaient laissé d'ignorance, de faiblesse et de défauts, que ce qu'il est impossible à un être borné de n'en pas conserver. »

Puis Condorcet s'élevant du rôle de simple narateur à celui de publiciste, a tracé un véritable programme des glorieuses réformes que la Révolution française allait réaliser quelques années plus tard et qui ont survécu à toutes nos commotions politiques. Cette vie de Turgot, de même que celle de Voltaire et plusieurs autres ouvrages de Condorcet, fut traduite presque aussitôt après son apparition, en anglais et en allemand.

En 1781, Condorcet publia l'un de ses meilleurs ouvrages, *les Réflexions sur l'esclavage des nègres,* qu'il dédia aux nègres esclaves. Vous vous souvenez, Messieurs, car cela ne s'oublie pas, de quelle sublime ironie Montesquieu a attaqué l'esclavage ; dans *l'Esprit des lois,* il avait porté à cette institution le premier et le plus rude coup, mais il paraît que les traiteurs de nègres avaient pris au sérieux ses railleries et croyaient fermement que Montesquieu avait voulu soutenir leur cause en disant par exemple : « Le sucre serait trop cher si l'on ne faisait travailler la plante qui le produit par les esclaves.... Ceux dont il s'agit sont noirs depuis les pieds jusqu'à la tête, et ils ont le nez si écrasé qu'il est presque impossible de les plaindre. »

Après Montesquieu l'abbé Raynal, dans son *Histoire des Établissements des Européens dans les deux Indes,* ou plutôt Diderot, sous le nom de ce dernier, avait attaqué, quelquefois avec éloquence, mais souvent d'un ton trop déclamatoire, cette institution.

Ces écrivains en avaient montré l'iniquité et l'avaient condamnée au nom de la justice. Cette démonstration pouvait être regardée comme suffisante, car l'utilité ne peut prévaloir contre la justice ; mais Condorcet se plaça à un point de vue plus pratique encore. Après avoir flétri l'esclavage au nom de la morale et de la dignité humaine, il en démontra les funestes effets économiques, et affirma la supériorité du travail libre sur le travail servile.

L'expérience est venue confirmer la vérité de ses raisonnements, et jusque dans ces dernières années, dans les colonies où les noirs ont été émancipés, l'industrie et l'agriculture, après avoir subi une crise inévitable, ont pris un essor nouveau et un développement inconnu. Condorcet l'avait prédit dans les termes les plus précis : « La destruction de l'esclavage, disait-il, ne ruinerait ni les colonies ni le commerce ; elle rendrait les colonies plus puissantes ; elle augmenterait le commerce. » « Si les nègres étaient libres, disait-il encore, ils deviendraient bientôt une nation florissante. » Des exemples ont prouvé, en effet, que l'abaissement de cette race n'était point sans remède, ni sans espoir ; c'est ainsi qu'en Afrique un petit État, exclusivement composé de nègres, la République de Libéria, a su, depuis 1847, trouver et conserver ce qui nous échappe si souvent, l'ordre réuni à la liberté, et s'est donné une constitution presque entièrement semblable à la nôtre. Chambre des députés, sénat, président de la République, toutes nos institutions s'y trouvent reproduites en miniature, et les citoyens de Libéria, s'ils lisent nos journaux, doivent être persuadés que nous sommes les plagiaires de leur constitution.

La question de l'esclavage des noirs est revenue souvent sous la plume de Condorcet. Il l'avait déjà abordée dans des lettres adressées au *Journal de Paris,* il y revint encore, en 1789, dans une *Adresse aux assemblées électorales,* qui fut distribuée par les soins de la Société des Amis des Noirs. On a accusé Condorcet et cette société d'avoir amené la ruine des colonies en préparant un affranchissement imprévu et sans transition qui devait les bouleverser et qui aurait en effet semé la guerre civile et amené le massacre des blancs. Cette accusation est doublement inexacte. Condorcet ne demandait nullement le passage subit et sans transition des noirs de la servitude absolue à la liberté complète; il avait au contraire annoncé d'une façon très précise et très exacte quelles seraient les conséquences de cette mesure, la désorganisation du travail dans les ateliers et les fermes, la misère des affranchis, leur ivresse de la liberté qui les pousserait à des crimes et à des vengeances particulières; il avait indiqué quelles seraient les précautions à prendre, et plusieurs des mesures qu'il avait signalées ont été en effet appliquées par le gouvernement britannique lorsqu'il a affranchi les esclaves de ses colonies.

Il est en outre inexact d'attribuer, comme on le fait souvent, les insurrections qui ont ensanglanté nos colonies à l'affranchissement des noirs. Cet affranchissement ne fut proclamé qu'à la fin de 1793 et confirmé par décret de la Convention du 4 février 1794. Les troubles auxquels on fait allusion eurent lieu auparavant et à la suite d'une loi de la

Constituante, qui avait admis, dans les colonies, les gens de couleur libres aux droits de citoyens; la résistance des blancs amena la guerre civile et les atrocités commises à Saint-Domingue. Quant aux décrets de la Convention, ils ont été peut-être trop violents et trop peu mesurés et préparés, mais ils n'ont pas été la cause véritable des désordres que l'on a eu à déplorer. Cette cause, il faut plutôt la chercher dans les gueres maritimes qui ont privé nos colonies de la protection de la mère-patrie et les ont exposées aux troubles et aux conquêtes. Il est donc regrettable que le Consulat ait cru devoir, en 1802, rétablir l'esclavage et même la traite par la loi du 30 floréal an x. C'est ainsi que l'Angleterre, qui a aboli l'esclavage par l'acte du 28 août 1833, a pu nous devancer dans la suppression définitive de cette odieuse institution. L'émancipation dans nos propres colonies n'a pu avoir lieu que par décret du 4 mars 1848, rendu sur la proposition de M. Schœlcher; ce n'est pas moins un grand honneur pour la France d'avoir, dès le xviiie siècle, et bien avant qu'en Angleterre les quakers eussent dénoncé à l'opinion publique ce crime social, appelé l'atten- tion sur une question aussi importante et attaqué les bases de cette institution. Toutes les sciences ont été appelées depuis en témoignage contre l'es- clavage, depuis la morale, le droit, l'économie poli- tique jusqu'à la physiologie et l'ethnologie, qui ont

démontré que noirs et blancs sont les membres
d'une même famille. Mais la gloire principale revient
aux précurseurs de cette grande idée d'émancipation, et de cette gloire Condorcet peut en revendi-
quer une grande partie. Aussi David n'a-t-il fait que
rendre à Condorcet la justice qui lui est due en
plaçant son portrait sur l'admirable bas-relief où
il a représenté les plus illustres adversaires de l'esclavage.

Condorcet fut reçu, en 1782, à l'Académie française, où il succéda à Saurin ; il y serait entré bien
plus tôt sans la haine que lui avait vouée Maurepas,
haine dont je vous ai déjà indiqué la cause honorable
pour Condorcet. Il eut pour concurrent Bailly, le
futur maire de Paris, que Buffon, hostile à Condorcet
on ne sait pourquoi, lui opposait en toute occasion,
et ce fut lui-même qui, quelques années plus tard,
fut chargé de recevoir Bailly et s'acquitta de cette
tâche délicate avec autant de bon goût que de cour-
toisie. La nomination de Condorcet fit de lui l'homme
le plus académique peut-être qu'il y eût alors en
France. Secrétaire perpétuel de l'Académie des
sciences, membre de l'Académie française, il faisait
encore partie de celles de Saint-Pétersbourg, de
Berlin, de Turin, de Bologne, et le gouvernement
espagnol le faisait consulter sur la fondation d'une
Académie dans ce pays. Toutes ces distinctions, au

reste, lui inspiraient peu de vanïté, et à ceux qui le félicitaient il répondait simplement qu'elles s'obtiennent le plus souvent non par le mérite personnel, mais par l'exactitude que l'on apporte à sa correspondanc.

La Révolution, dont l'heure approchait, a jeté son précoce reflet sur quelques travaux de Condorcet dont je vais vous entretenir et qui traitent de questions qu'elle devait aborder et résoudre.

Je mentionnerai d'abord un ouvrage sur l'*Influence de la révolution d'Amérique sur l'Europe,* publiée en 1786 et dédié à Lafayette. Condorcet espère que cette influence s'exercera en facilitant la reconnaissance et le respect des droits de l'homme, en préparant la réforme de la législation encore imbue de coutumes barbares telles que le droit de course, en donnant un développement nouveau au commerce; enfin il espère que l'exemple de l'Amérique diminuera le nombre des guerres entreprises par esprit de conquête, d'ambition ou de fausse gloire.

L'année suivante, Condorcet aborda un sujet plus spécialement politique encore dans les *Lettres d'un bourgeois de New-Haven à un citoyen de Virginie sur l'inutilité de partager le pouvoir législatif en plusieurs corps.* Condorcet croyait, en effet, que le pouvoir législatif doit être condensé dans une seule assemblée et qu'il y a plus d'inconvénients que d'avantages à créer une Chambre haute analogue à celle d'Angleterre. Cette opinion est une de celles sur lesquelles il est revenu le plus souvent à des époques fort difficiles de sa vie ; il pensait qu'il est possible de créer pour une assemblée unique des règlements capables de garantir la maturité et la sagesse des délibérations.

Il publia ensuite les *Lettres d'un citoyen des États-Unis à un Français sur les affaires présentes*. Les affaires présentes auxquelles Condorcet faisait allusion étaient le coup d'État par lequel Loménie de Brienne, avec l'appui du garde des sceaux Lamoignon, avait voulu briser l'opposition systématique des parlements. L'échec des réformes tentées par Turgot et Necker avait rendu la banqueroute imminente. Les dépenses étaient chaque année fort supérieures aux recettes, et Necker était tombé pour avoir tenté de les restreindre. Le gouvernement n'avait pas le crédit nécessaire pour faire un emprunt et les parlements, amoureux de popularité, refusaient d'enregistrer les ordonnances de nouveaux impôts. Le même jour, tous les parlements de France furent exilés, et au parlement de Paris, dépouillé de ses attributions politiques, fut substituée une cour plénière dont la compétence judiciaire fut même restreinte en faveur des bailliages.

Mais des soulèvements éclatèrent en divers endroits, et Grenoble spécialement a conservé le souvenir de la journée des tuiles. Condorcet discuta l'innovation tentée violemment par la cour et l'approuva en partie, il combattit l'ingérence de l'autorité judiciaire dans le domaine politique et rappela les abus de la procédure criminelle des parlements, l'inégalité devant la justice et la loi qui était un des abus de l'ancien régime ; enfin il se prononça vivement contre le droit d'enregistrement revendiqué par les parlements, en faisant observer qu'un tel empiétement rendait impossible l'uniformité de la loi, et appela de tous ses vœux la convocation d'une assemblée nationale. Vous savez ce qui arriva ensuite ; la cour plénière ne put fonctionner ; Loménie de Brienne tomba devant le soulèvement général de l'opinion de toutes les classes, et les États généraux furent convoqués.

Un autre ouvrage bien plus considérable de Condorcet, l'*Essai sur la Constitution et les fonctions des assemblées provinciales,* parut en 1788. Cet ouvrage fut une sorte d'aperçu des réformes à opérer et indiqua le sentier glorieux que l'Assemblée constituante allait se frayer au milieu des abus de l'ancien régime. Cet essai aborde et traite presque toutes les réformes économiques dont l'opinion commençait à sentir l'urgente nécessité. Les questions d'impôt surtout, qui sont toujours d'une désolante actualité, y sont discutées avec le savoir le plus compétent. La nature de l'impôt, les conditions de sa légitimité, ses effets, la manière de le percevoir, sont traités avec une précision et une exactitude qui n'ont presque pas cessé d'être de tous points conformes aux derniers progrès de la science économique : à propos de l'impôt territorial, Condorcet demande la confection d'un cadastre, opération qui ne devait avoir lieu que plus tard et présenta plus de difficultés qu'il ne le pensait. Condorcet, encore trop préoccupé des idées des physiocrates sur le produit net des terres, se prononce pour l'impôt unique, il combat spécialement, au nom de la liberté du commerce, le système des impôts indirects auxquels, en effet, les économistes sont généralement hostiles en théorie, mais dont assurément l'existence est loin d'être menacée. Enfin Condorcet examine en détail chacun des divers impôts qui existaient alors et qui sont exactement ceux d'aujourd'hui ; car si nous n'avons pas eu toujours l'esprit de suite et de continuité en politique, nous avons été en matière d'impôts aussi conservateurs que possible ; il en détermine avec beaucoup de sagacité les effets probables sur la production, la circulation et la consommation des richesses ; enfin cet ouvrage est assurément un de ceux que l'on peut encore consulter avec le plus de fruit, malgré les erreurs économiques, presque inévitables à cette époque, que l'on peut y relever.

Condorcet ne fut pas élu membre de l'Assemblée constituante, mais il suivit attentivement le grand mouvement qui s'opérait, et se donna pour mission, au milieu de la fièvre intellectuelle générale et des innombrables plans de réformes qui éclosaient alors, de vulgariser les saines notions de droit politique et social sur lesquelles il avait depuis longtemps médité. Il sentit qu'en présence de cette Révolution, si longtemps espérée, qui appelait un peuple tout entier à une vie politique jusqu'alors inconnue, il importait d'éclairer tous les esprits sur des questions aussi neuves et se dévoua à cette tâche, obscure mais utile. Il serait trop long de vous énumérer même les titres d'une cinquantaine de brochures qu'il publia en 1789 et dans les années suivantes, jusqu'à la séparation de la Constituante. Il étudia la forme des élections et les pouvoirs des députés, proposa une déclaration des droits de l'homme et se prononça contre l'admission à l'Assemblée des députés des planteurs de Saint-Domingue, qui ne pouvaient, disait-il, représenter les intérêts des noirs qu'ils opprimaient. L'Assemblée constituante ayant repoussé un amendement du comte Mathieu de Montmorency qui proposait d'introduire dans la constitution une clause de révision, Condorcet, tout en défendant la constitution qui lui paraissait bonne, blâma la décision de l'Assemblée au nom de la logique; « si nos législateurs prétendent travailler pour l'éternité, dit-il, il faut faire descendre la constitution du ciel, auquel on a seul accordé jusqu'ici le droit de donner des lois immuables; or nous avons perdu cet art des anciens législateurs d'opérer des prodiges et de faire parler les oracles. » Il combattit encore une opinion démagogique qui prétendait faire accepter ou refuser directement la constitution par le peuple. Il n'eut pas de peine à démontrer l'absurdité et la duperie de ce système qui remet à une réunion de gens en majorité peu éclairés le soin de se prononcer sur les points les plus délicats du droit constitutionnel et qui, en outre, interdisant toute modification au projet présenté, fait des bonnes dispositions la rançon des mauvaises. Ce système fut cependant plus tard employé par la Convention pour la constitution de 1793, qui ne fut jamais appliquée.

Dans un assez long et remarquable mémoire qu'il publia, en 1790, il se demanda s'il peut être utile aux hommes d'être trompés, et se prononça énergiquement pour la négative.

Il étudia en outre avec beaucoup de compétence les questions financières, publia un projet d'emprunt public avec hypothèques spéciales sur les biens du domaine public, proposa divers moyens de rétablir les finances et surtout combattit avec énergie l'émission exagérée des assignats, dont il annonça les funestes effets. Il s'éleva avec énergie contre la proposition de Mirabeau de créer deux milliards d'assignats et d'éteindre avec cette monnaie la dette exigible. Il démontra que payer un papier forcé, non réalisable à volonté, dont la valeur réelle n'égalait pas la valeur nominale, n'était rien moins que cette banqueroute dont on n'osait prononcer le nom. Il montra que l'abondance du papier était la véritable cause de la disette du numéraire, et comme expédient temporaire pour le remplacer, proposa la création de petits assignats.

La plupart des citoyens étaient encore fort ignorants en matière d'impôts; Condorcet, dans deux mémoires sur la fixation de l'impôt, met à la portée des plus ignorants les connaissances élémentaires de cette science.

Dans un mémoire sur les *Caisses d'accumulation,* préoccupé de la nécessité d'assurer le sort des personnes qui n'ont d'autres ressources que celles de leur travail pendant la maladie et la vieillesse, il proposa l'institution de caisses qui auraient reçu les plus modiques épargnes pour les conserver aux dépositaires, en leur fournissant un intérêt modique; cette idée a depuis été réalisée sous le nom de caisse d'épargne.

Enfin, il combattit l'impôt personnel, qui lui semblait, comme à Montesquieu, amener une inquisition fâcheuse sur la fortune des contribuables.

Il rédigeait avec Cerutti la *Feuille villageoise,*

journal dévoué à la constitution nouvelle, élaborée
pàr l'Assemblée constituante.

Condorcet fit, en 1790, une motion fort hasardée,
et en tous cas très inopportune, que je ne puis cependant pas passer sous silence, car elle a été le
point de départ dans nos sociétés modernes d'un
système qui a donné lieu aux plus ardentes contro-
verses; Condorcet proposa d'admettre les femmes
à l'exercice des droits politiques. C'était là assurément une théorie toute nouvelle à laquelle les esprits n'étaient guère préparés; car on ne trouverait
peut-être pas chez les principaux philosophes du
XVIIIe siècle une seule phrase de revendication des
droits réels ou prétendus des femmes; moins encore une pareille idée aurait pu germer dans les
époques précédentes, au moyen-âge et dans l'anti-
quité. On trouverait peut-être cependant à cette
idée un ancêtre assez inattendu; Aristophane, dans
sa comédie de l'*Assemblée des femmes*, avait sup-
posé que les femmes, s'étant fait attribuer le droit
de suffrage à l'aide d'un stratagème, gouvernaient
la République à leur gré et dans leur intérêt, et sur
cette donnée originale il avait construit une de ses
plus amusantes comédies; mais il y a loin de la comédie d'Aristophane au plaidoyer de Condorcet en
faveur des femmes.

Cette idée a trouvé depuis en France et dans
presque dans tous les autres pays, un grand nom-

bre de défenseurs illustres, et cependant on a bien rarement égalé le talent avec lequel Condorcet la soutint, soit dans cet ouvrage, soit dans d'autres, car il a défendu plusieurs fois cette opinion.

Il était sans doute très inopportun de vouloir jeter dans la vie politique tant d'éléments nouveaux, avant d'être parvenu à classer les anciens et à leur donner l'instruction et l'expérience politique qu'ils ne pouvaient avoir. En outre, les arguments de Condorcet, pour être éloquents, n'étaient point sans réplique, aussi eut-il pour adversaires presque tous les principaux acteurs de la Révolution, Mirabeau, Danton, Robespierre. Sieyès cependant se rangea à son opinion et la défendit avec lui. Elle eut, en outre, beaucoup de vogue dans quelques clubs; les femmes, du reste, si elles ne furent point admises à voter, intervinrent en revanche dans toutes les manifestations de la rue, et vous savez si cette intervention et les cruautés inouïes de quelques-unes furent à leur honneur.

Depuis la Révolution, l'émancipation politique des femmes a trouvé en France des avocats éloquents dont vous connaissez les efforts et le talent, mais vous savez aussi qu'en réalité il n'y a pas eu un pas de fait dans cette voie; le but poursuivi est aussi éloigné qu'au premier jour et cette situation paraît être celle de la plupart des États de l'Europe.

Il en est autrement de l'Angleterre, que cette question passionne depuis une dizaine d'années, et le temps est peut-être proche où elle sera résolue complétement dans ce pays en faveur des femmes. Cette réclamation a été dirigée d'abord par le plus profond penseur de l'Angleterre contemporaine, John Stuart Mill, puis par MM. Jacob Bright, Herbert Spencer et par plusieurs femmes célèbres. Cette cause est chaque année portée devant le parlement. La nature du droit de suffrage en Angleterre favorise la prétention des femmes, car le principe de ce droit est la représentation des intérêts, et dès lors les femmes non mariées ou veuves, qui ont des intérêts aussi considérables que les hommes, doivent pouvoir faire représenter ces intérêts; aussi est-ce pour celles-là seulement que ce droit est réclamé. En 1868, un certain nombre de femmes s'appuyèrent même sur ce que la loi anglaise électorale parlant des électeurs employait le mot *person*, applicable, disaient-elles, aussi bien aux femmes qu'aux hommes. Dans plusieurs endroits, les officiers municipaux les inscrivirent en effet comme électeurs, et des avocats de la couronne ratifièrent ces inscriptions. Elles votèrent, mais les tribunaux finirent par se prononcer contre cette interprétation de la loi.

En 1867, le bill de réforme présenté par John Stuart Mill obtint 82 voix à la chambre des com-

munes; en 1873, 155; en 1875, à la séance du
7 avril, le bill réunit 152 voix contre 187. Déjà en
1867, les filles majeures et les veuves ont obtenu le
droit de vote dans les élections municipales et
quelques élections de comités, et il est fort possible qu'à la fin de cette législature le parlement leur
confère en outre le droit de vote politique dans les
mêmes conditions qu'aux hommes.

En effet, la réforme proposée d'abord par le parti
libéral avancé a recruté beaucoup de partisans chez
les conservateurs; il me suffira de citer lord Dis-
raëli. C'est que cette réforme qui augmenterait d'un
septième le nombre des électeurs, donnerait au parti
conservateur, du moins pendant quelques années,
un appui considérable, surtout dans la question de
séparation de l'Église et de l'État; appui qui devient
nécessaire, car les priviléges de l'Église anglicane
et officielle déjà bien fortement atteints en Irlande,
sont menacés par le parti libéral dans toute la
Grande-Bretagne.

En attendant le mouvement d'opinion en faveur du vote des femmes se continue et se propage
dans le pays; les hommes d'État, les philosophes,
les journalistes, beaucoup de femmes de toutes les
conditions unissent leurs efforts dans les réunions
publiques où se préparent les réformes soumises
ensuite au parlement.

Le développement pris par la proposition de Condorcet, nous a entraînés loin de sa personne; je me hâte d'y revenir, et d'achever le résumé très sommaire de ses actes politiques.

Il fut, avec Bailly, membre de la municipalité parisienne; les deux anciens rivaux académiques se retrouvèrent unis dans les mêmes opinions et le même dévouement à la chose publique, comme ils le furent bientôt dans la même proscription. L'un des actes de Condorcet dans cette fonction publique fut la rédaction d'une adresse de la municipalité à l'Assemblée nationale, pour demander la réforme d'une loi qui subordonnait l'exercice des droits politiques à la quotité des contributions.

Condorcet défendit la royauté constitutionnelle, telle que l'organisait l'Assemblée nationale jusqu'à l'époque de la fuite du roi à Varennes; lorsque le souverain eut ainsi délaissé le pouvoir. Condorcet examina si un roi était nécessaire au gouvernement de la France et se prononça pour la négative. C'est de cette époque que date le dissentiment qui le sépara douloureusement de plusieurs de ses meilleurs amis, entre autres du duc de La Rochefoucauld. Depuis cette époque aussi il fut plus spécialement en butte aux attaques les plus violentes et les plus injustes, et tous ses ennemis, depuis les extrêmes royalistes jusqu'à Robespierre, qui fut toujours l'un de ses adversaires les plus acharnés, se réunirent pour l'injurier et le diffamer; Robespierre ne pardonna pas à Condorcet, même après sa mort, et insulta encore à la tribune la mémoire de celui qui avait été la victime de sa politique sanguinaire.

Au mois de septembre 1791, Condorcet se présenta aux électeurs de Paris pour les élections à l'Assemblée législative et fut élu; mais sa candidature fut le signal des attaques les plus odieuses et les plus ridicules; c'est ainsi qu'on l'accusa d'hypocrisie et de duplicité, et l'on raconta que le marquis de Condorcet, tout en feignant d'attaquer la cour, la fréquentait secrétement en courtisan assidu, et se rendait chaque nuit chez le comte d'Artois. Cette accusation, qui faisait de celui qui en était l'objet une sorte d'agent provocateur, n'eut peut-être pour origine qu'un jeu de mots incompris; on avait confondu le marquis de Condorcet avec le comte d'Orsay.

Condorcet fut immédiatement nommé secrétaire de l'Assemblée législative, puis il en fut élu président le 5 février 1792. Il y parla rarement à cause de la faiblesse de ses poumons et d'une certaine timidité qui ne lui permettait pas l'improvisation; mais en revanche il fut chargé de rédiger les plus importantes adresses et proclamations de cette Assemblée et de la Convention. Je ne puis vous faire l'historique du rôle politique important joué par Condorcet, il me suffira de mentionner quelques-uns de ses actes, avant d'arriver à celui qui fut la cause de sa proscription.

Le 25 octobre 1791 il prononça son premier discours sur la question de l'émigration ; il proposa de partager les émigrés en deux classes et de ne punir et frapper de mort que ceux qui seraient saisis les armes à la main contre leur patrie.

Il parla en faveur de la loi qui enleva au clergé la tenue des registres de l'état civil et conféra cette fonction aux municipalités.

Il fut le rapporteur du comité d'instruction publique et pendant les séances des 20 et 21 avril 1792 lut un long rapport et un projet de décret sur l'organisation de l'instruction publique. Il avait fait précéder ce rapport de la publication de cinq mémoires des plus remarquables sur la question, et qui n'ont encore presque rien perdu de leur intérêt et de leur utilité; mais le temps me manque pour en faire l'analyse.

Deux mois après, il eut la fâcheuse inspiration de faire une proposition dont la nature a été complétement transformée par quelques historiens, qui ont ainsi fourni et trouvé eux-mêmes l'occasion de parler du vandalisme révolutionnaire de l'Assemblée législative et de Condorcet.

Le 19 juin 1790, l'Assemblée constituante avait voté la suppression des titres de noblesse, armoiries, etc.; mais cette loi n'avait été munie d'aucune sanction, et dès lors avait été peu respectée. Le 19 juin 1792, l'Assemblée législative en application de cette loi fit brûler à Paris une grande quantité de titres de noblesse au pied de la statue de Louis XIV. A la séance de ce jour, le marquis de Condorcet monta à la tribune et proposa le décret suivant qui fut adopté sans discussion :

Art. 1er. — Tous les titres généalogiques qui se trouveront dans un dépôt public, quel qu'il soit, seront brûlés.

Art. 2. — Les directoires de chaque département seront chargés de l'exécution du présent décret, et chargeront des commissaires de séparer ces papiers inutiles des titres de propriété qui pourraient être confondus avec eux dans quelqu'un de ces dépôts.

Je suis, pour ma part, fort disposé à blâmer ce décret; mais je me demande comment quelques auteurs ont pu y voir la proposition d'anéantir les travaux historiques des Bénédictins auxquels il ne fut pas touché; puis un auteur plus contemporain, M. Alfred Nettement, transcrivant légèrement cette accusation si grave, est allé plus loin encore et a dit : « Sur la motion de Condorcet on fait brûler les immenses travaux des sociétés savantes, comme si sur le même bûcher on pouvait anéantir le passé. » Et voici comment Condorcet est devenu pour bien des gens un brûleur de livres, un destructeur fanatique et barbare des œuvres de la pensée, un émule des incendiaires de la Commune.

A l'Assemblée législative, Condorcet rédigea encore un projet de déclaration au sujet de la guerre imminente, qui fut préféré au projet de Vergnaud, l'*Adresse au Peuple français* sur la situation et les sacrifices commandés par les circonstances, qui stimula vivement le patriotisme dans les départements, et le 9 août il fut le rapporteur de la commission qui proposa et fit adopter le projet de suspendre la royauté comme suspecte de connivence avec l'étranger; toutefois, le rapport de Condorcet ne dissimula aucun des dangers qui seraient la conséquence de cette mesure.

Condorcet, à cause de sa modération, ne fut pas réélu par Paris; mais huit départements le renvoyèrent à la Convention nationale; son attitude y fut la même qu'à l'Assemblée législative; la ferme droiture de son caractère le maintint indépendant au milieu des partis qui se disputaient le pouvoir dans cette Assemblée, et en diminuaient le prestige; il prévit quelles seraient les conséquences de cette division, et ne put l'empêcher : « Occupez-vous un peu moins de vous-mêmes, disait-il aux Girondins avec lesquels il votait le plus souvent, et un peu plus de la chose publique. » Ces sages conseils ne furent pas entendus, et l'Assemblée, divisée, se décima elle-même. Condorcet porta les conséquences des fautes qu'il avait voulu empêcher, et les accepta volontairement par amour de la liberté et par horreur du sang et de la violence.

Lors du procès de Louis XVI, il prononça plusieurs discours ; il prétendit que le roi n'était couvert par l'inviolabilité constitutionnelle que pour ses actes publics contresignés par ses ministres et non pour ses actes personnels, — comme roi et non pas comme citoyen ; mais il soutint avec énergie que la Convention nationale, qui votait sa mise en accusation, ne pouvait être à la fois accusateur et juge, et proposa de renvoyer l'accusé devant un tribunal composé de délégués des départements. La Convention n'aurait conservé que le pouvoir d'adoucir la sentence. Cette proposition fut repoussée, et Condorcet aurait dû dès lors se récuser et s'abstenir, après avoir soutenu qu'il y avait de la part de la Convention usurpation de fonctions judiciaires ; il ne le fit pas cependant, et après avoir d'abord vainement proposé l'abolition de la peine de mort comme mesure générale, vota contre Louis XVI la peine la plus forte qui ne fut pas la mort. Il se prononça enfin pour l'appel au peuple, qui fut aussi repoussé par la majorité.

Je suis obligé de passer sur de nombreux et importants actes politiques de Condorcet, pour arri-

ver à celui qui eut une fatale influence sur sa destinée, et fut la cause volontaire et prévue de sa part
de sa proscription et de sa mort.

Condorcet faisait partie d'une commission de
neuf membres chargée par la Convention de propo-
ser un projet de constitution. Il avait eu une grande
part à cette rédaction, et en avait écrit l'exposé
préliminaire. Après le 31 mai et l'arrestation des
Girondins, Condorcet mit la Convention en demeure
de mettre le projet de Constitution à l'ordre du jour.
La Convention, ou plutôt le parti de la Montagne
qui la dominait, rejeta le projet et nomma une
nouvelle commission de cinq membres, parmi lesquels Hérault de Sechelles, l'ami de Danton ; ce
nouveau comité bâcla en quelques heures un nouveau projet impraticable et despotique, connu sous
le nom de Constitution de 1793, qui fut décrété le
24 juin, et soumis à l'approbation des assemblées
primaires.

Condorcet osa, dans un écrit qu'il publia, attaquer
ce projet, en démontrer l'insanité et les tendances
despotiques ; il osa, eń outre, protester contre la
violation de l'intégrité de la représentation nationale par l'arrestation de vingt-sept membres girondins.

Chabot, dans la séance du 8 juillet 1793, dénonça
cet écrit à la Convention, plaisanta lourdement sur
les titres académiques et le titre de marquis de

l'auteur, et conclut ainsi : « Condorcet prétend que la Constitution du comité des neuf vaut mieux que la vôtre et que les assemblées primaires doivent l'accepter; je demande que Condorcet soit mis en état d'arrestation, et traduit à votre barre... » La Convention vota ces conclusions, et ensuite par décret du 3 octobre le renvoya devant le Tribunal révolutionnaire, qui, par contumace, le condamna à la peine de mort.

Mais en publiant sa protestation, Condorcet qui en connaissait les conséquences assurées avait chargé son beau-frère Cabanis de lui chercher un refuge. Il le trouva dans une maison située au n° 21 de la rue Servandoni, et appartenant à Mme Vernet, veuve d'un sculpteur et parente des peintres de ce nom. La mémoire de celle-ci mérite d'être conservée; car jamais, aux plus néfastes époques de l'histoire, l'infortune ne rencontra un dévouement plus admirable que celui qui accueillit dans cette maison Condorcet et sans doute bien d'autres proscrits. Condorcet y resta caché depuis le commencement de juillet 1793 jusqu'au mois d'avril 1794, c'est-à-dire neuf mois. Tous ses biens avaient été saisis et mis sous séquestre; Mme Vernet pourvut à tout, et n'épargna ni ses soins, ni sa fortune pour préserver les jours de l'illustre proscrit.

Mais si le sort de Condorcet se trouvait pour quelque temps assuré, si la fermeté de son carac-

tère ne s'étonnait pas des périls que sa vie courait ;
d'autre part, quelles devaient être ses inquiétudes
sur sa femme et son enfant, exilés de Paris, comme
parents d'émigré, privés de toute ressource. M. Michelet a admirablemént décrit cette situation dou-
loureuse dans une des belles pages de son *Histoire
de la Révolution*, que je vous demande la permis-
sion de citer :

« Mme de Condorcet logeait à Auteuil, et chaque
jour venait à Paris à pied. Chargée d'une sœur
malade, de sa vieille gouvernante, embarrassée
d'un jeune enfant, il lui fallait pourtant vivre, faire
vivre les siens. Un jeune frère du secrétaire de Condorcet tenait pour elle, rue Saint-Honoré, une petite boutique de lingerie. Dans l'entre-sol au-dessus
de la boutique elle faisait des portraits. Plusieurs
des puissants du moment venaient se faire peindre.
Nulle industrie ne prospéra davantage sous la Terreur ; on se hâtait de fixer sur la toile une ombre
de cette vie si peu sûre. L'attrait singulier de pureté,
de dignité qui était en cette jeune femme, amenait
là les violents, les ennemis de son mari. Que ne
dût-elle pas entendre ? Quelles dures et cruelles
paroles ! Elle en est restée atteinte, languissante,
maladive pour toujours. Le soir, parfois, quand elle
osait, tremblante et le cœur brisé elle se glissait
dans l'ombre jusqu'à la rue de Servandoni, sombre,
humide ruelle cachée sous les tours de Saint-Sul-

pice. Frémissant d'être rencontrée, elle montait d'un pas léger au pauvre réduit du grand homme; l'amour et l'amour filial donnaient à Condorcet quelques heures de joie, de bonheur. Inutile de dire ici combien elle cachait les épreuves du jour, les humiliations, les duretés, les légèretés barbares, ces supplices d'une âme blessée au prix desquels elle soutenait son mari, sa famille, diminuant les haines par sa patience, charmant les colères, peut-être retenant le fer suspendu. Mais Cordorcet était trop pénétrant pour ne pas deviner toute chose ; il lisait tout, sous ce pâle sourire dont elle déguisait sa mort intérieure. Si mal caché, pouvant à toute heure se perdre et la perdre, comprenant parfaitement tout ce qu'elle souffrait et risquait pour lui, il ressentait le plus cuisant aiguillon de la terreur. Peu expansif, il gardait tout, mais haïssait de plus en plus une vie qui compromettait ce qu'il aimait plus que la vie. »

Condorcet, dans son asile, voulut d'abord rédiger une réponse aux calomnies dirigées contre lui, justifier ses actes et flétrir les crimes dont la vue l'indignait. Il voulait continuer la lutte contre le crime triomphant, la lutte de la raison contre la guillotine; ce fut Mme de Condorcet qui l'arracha à ce travail où il allait user ses dernières forces ; elle le décida à laisser là ce combat inégal de la vérité contre la violence, à s'élever au-dessus du présent, dans les régions sereines de la science, à écrire pour l'immortalité. Condorcet rédigea l'esquisse d'un tableau des progrès de l'esprit humain, écrite sans le secours d'aucun livre, sur ses seuls souvenirs, par un proscrit qui pouvait à chaque instant être arrêté et traîné à l'échafaud sur la seule constatation de son identité. Pas un mot, pas une allusion contre ses bourreaux n'altèrent la sérénité du philosophe ; chaque jour Condorcet remettait à Mme Vernet les feuilles accumulées sur sa table, et jamais il ne relut son ouvrage. Puis, quand il eut écrit sa dernière ligne, il se décida à affronter la mort.

Avant de partir il écrivit de touchants conseils à sa fille, lui recommanda l'oubli et le pardon de la mort tragique de son père ; puis, dans son testament, il prit ses dispositions pour lui assurer un abri contre toutes les vicissitudes, et après avoir envisagé toutes les éventualités et la perspective de sa mort prochaine, se résolut à ne pas exposer plus longtemps la vie de sa bienfaitrice.

Déjà, en apprenant le vote d'une loi qui frappait de mort ceux qui offraient un asile à des proscrits, Condorcet était allé dire à Mme Vernet : « Vos bontés, Madame, sont gravées dans mon cœur en traits ineffaçables. Plus j'admire votre courage, plus mon devoir d'honnête homme m'impose de n'en pas abuser. La loi est positive ; si on me découvrait dans votre domicile, vous auriez la même triste fin

que moi ; je suis hors la loi, je ne puis plus rester. »
— La réponse fut sublime : « Si vous êtes hors la
loi, vous n'êtes pas hors de l'humanité, et vous res-
terez. » — Et en effet, Mme Vernet, dès ce jour,
organisa autour de Condorcet un système de sur-
veillance qui ne lui permettait pas de s'écarter ; ces
soins touchants furent inutiles, Condorcet réussit
à éloigner sa bienfaitrice par une ruse, et s'élança
dans la rue. Un cousin de Mme Vernet le rejoignit
et eut le courage de le guider hors Paris, jusqu'à
Fontenay-aux-Roses, où Condorcet espérait trouver
une hospitalité de quelques heures chez un homme
auquel il avait rendu de nombreux services, le
littérateur Suard. Il en ressortit presque immédiatement ; Suard n'avait mis à sa disposition qu'un
petit volume des Épîtres d'Horace que Condorcet
emporta pour se consoler de ses fatigues, et peut-
être de la perte d'une dernière illusion.

Il avait erré tout le jour dans la campagne. « Il
passa la nuit dans les bois, et le jour encore, dit
M. Michelet. Mais la marche l'épuisait. Un homme
assis depuis un an, marchant tout-à-coup sans repos,
fût bien vite mort de fatigue. Force donc lui fut,
avec sa barbe longue, ses yeux égarés, d'entrer,
pauvre famélique, dans un cabaret de Clamart. Il
mangea avidement, et en même temps, pour soutenir son cœur, il ouvrit le poète romain. Cet air, ce
livre, ces mains blanches, tout le dénonçait. Des

paysans qui buvaient là (c'était le comité révolutionnaire de Clamart), virent bientôt que c'était
un ennemi de la République. Ils le traînèrent au
district. La difficulté était qu'il ne pouvait plus faire
un pas. Ses pieds étaient déchirés. On le hissa sur
une misérable haridelle d'un vigneron qui passait.
Ce fut dans cet équipage que cet illustre représentant du XVIIIe siècle fut solennellement conduit à la
prison de Bourg-la-Reine. Il épargna à la République la honte du parricide, le crime de frapper
le dernier des philosophes sans qui elle n'eût point
existé. »

En effet, les geoliers ne trouvèrent le lendemain
qu'un cadavre. Condorcet avait avalé du poison
contenu dans le chaton de sa bague, et, épuisé de
fatigue, avait trouvé à la fois le sommeil et la mort.

Il laissait comme une sorte de testament philosophique et de résumé des doctrines de toute sa vie,
cette *Esquisse d'un tableau historique des progrès
de l'esprit humain*, le plus célèbre de ses ouvrages,
qui est peut-être aussi celui où l'on peut relever le
plus d'appréciations inexactes et de décevantes
utopies à côté des vérités les plus profondes. Cet
ouvrage, écrit sans le secours d'aucunes notes ni
d'aucuns documents, a étonné les hommes les plus
érudits par l'étendue du savoir et la sûreté de la
mémoire de son auteur. C'est ainsi, pour ne citer

que cet exemple, que la Grèce, ses institutions, sa littérature, ses philosophes sont appréciés avec une remarquable exactitude, et Condorcet signale avec raison l'influence exercée sur les progrès de l'humanité par cette petite nation. Comme on devait l'attendre d'un philosophe et d'un économiste, il signale comme plus néfaste qu'utile l'influence de ce peuple romain qui vécut de guerres et de conquêtes, et il ne trouve dans sa civilisation qu'un seul élément sérieux et direct de progrès, sa jurisprudence. Encore apprécie-t-il celle-ci avec sévérité : « Nous devons, dit-il, au droit romain un petit nombre de vérités utiles, et un grand nombre de préjugés tyranniques. »

L'idée philosophique qui a inspiré le livre de Condorcet est la doctrine de la perfectibilité indéfinie de la race humaine, doctrine dont Condorcet n'a point été l'inventeur, mais à laquelle il a donné un développement tout nouveau. Après avoir retracé l'histoire des progrès accomplis par l'humanité il cherche par quelles causes ces progrès se continueront et jusqu'à quel point pourra se perfectionner la nature physique, intellectuelle et morale de l'homme, et ne voit point à ce perfectionnement de limites possibles. C'est ainsi que ce bel ouvrage se termine par une sorte de vision des progrès de l'avenir et du bonheur des générations futures ; le noble proscrit oublie ses propres malheurs, sa mort prochaine et tragique pour se réjouir du sort de l'humanité comme s'il devait revivre avec elle.

On a relevé dans ce suprême écrit de Condorcet un assez grand nombre d'erreurs historiques, d'appréciations injustes, une haine trop exclusive du passé ; mais ces défauts d'un bel ouvrage étaient inévitables ; car Condorcet est le représentant du XVIIIe siècle, et il en est le représentant fidèle et complet.

Ce qui caractérise la philosophie du XVIIIe siècle, c'est le dédain du passé, de ses systèmes, de ses hypothèses ; c'est une hardiesse étrange à porter le flambeau de l'analyse à la base de toutes les institutions, au risque même d'ébranler ces bases et de s'ensevelir sous les ruines ; mais d'autre part, Condorcet se sépare très nettement de la tendance de Rousseau et des encyclopédiques dans ses idées sur l'organisation de la société; les premiers rattachent trop toutes leurs conceptions à un système d'omnipotence de l'État, de droit absolu des majorités; Condorcet revendique, au contraire, le droit de l'individu, affirme l'existence de notions éternelles, de justice, de propriété, de liberté, supérieures à toute puissance politique, à toute majorité, à toute violence; le pouvoir législatif ne crée pas le droit, son but doit être de s'y conformer, d'affirmer et de traduire en dispositions précises

ce qui est une notion supérieure de droit naturel.
C'est par là que Condorcet reste profondément
vrai; de même que c'est par son profond amour de
l'humanité, de la justice, de la vérité qu'il mérite
la gloire et la sympathie.

Mais l'*Esquisse* de Condorcet fut publiée à un
moment inopportun. Lassés des scènes sanguinai-
res qu'ils avaient vues, les yeux se fermaient aux
rayons de la liberté même. En vain la Convention
acheta et fit distribuer trois mille exemplaires du
livre dont elle avait proscrit l'auteur; les excès, les
violences qui pendant son pouvoir souillèrent Paris et la France, avaient pour longtemps frappé de
stérilité les idées généreuses qu'elle voulait popu-
lariser, et dont Condorcet mourant n'avait pas
désespéré. L'esprit libéral avait fléchi partout sous
les excès révolutionnaires, et les âmes détendues
et sans ressort étaient mûres pour la dictature im-
périale.

Je vous ai entretenus de Condorcet écrivain, philosophe et citoyen; si maintenant nous cherchons
ce que fut l'homme nous le trouvons peut-être plus
grand encore par les qualités et les vertus que par
le talent.

La noblesse de son caractère le faisait vivement
apprécier et rechercher de ceux même qui étaient
le plus éloignés de ses opinions. D'Alembert l'avait

défini « un volcan couvert de neige » et l'expression
était aussi vraie que pittoresque ; car jamais âme
plus ardente et plus dévouée à l'humanité ne s'était
entourée de plus de froideur extérieure ; impassible
et en apparence indifférent à toutes les douleurs
qui s'adressaient à lui ou dont il était le confident,
il n'employait pas moins tous ses efforts, tout son
pouvoir à les soulager, à les consoler avec la plus
fine délicatesse. « Jamais peut-être, dit un de ses
contemporains, M\ : de Lespinasse, il ne dit en face
de paroles affectueuses à aucun de ses parents ou de
ses amis ; mais jamais aussi il ne laissa échapper
l'occasion de leur donner des preuves d'attachement :
il était malheureux de leurs malheurs, il souffrait
de leurs maux au point que son repos et sa santé
en furent plus d'une fois gravement altérés. » —
« La bonté, écrivait Grimon, brillait dans ses yeux
et il aurait eu plus de tort qu'un autre de n'être pas
honnête homme, parce qu'il aurait trompé davantage par sa physionomie, qui annonçait les qualités
les plus paisibles et les plus douces. »

Dès ses plus jeunes années, cet homme qui passa
pour insensible et froid, s'était appliqué à conserver en lui une exquise sensibilité, qui lui paraissait
la base de la plupart des vertus. Près de mourir, il
traçait pour sa fille ces conseils sur la bienfaisance
que lui-même avait si bien pratiqués : « L'habitude
des actions de bonté, celle des affections tendres,

est la source du bonheur la plus pure, la plus iné-
puisable... Prends de bonne heure l'habitude de
la bienfaisance, mais d'une bienfaisance éclairée
par la raison, dirigée par la justice... Apprends
surtout à l'exercer avec cette délicatesse, avec ce
respect pour le malheur qui double le bienfait et en-
noblit le bienfaiteur à ses propres yeux. N'oublie
jamais que celui qui reçoit est par la nature l'égal
de celui qui donne, que tout secours qui entraîne de
la dépendance n'est plus un don, mais un marché,
et que s'il humilie, il devient une offense. »

Sa modestie était l'égale de son talent que personne ne sentait moins que lui; Mlle de Lespinasse
après l'avoir vu et étudié chaque jour pendant plusieurs années dans son salon, disait n'avoir pu saisir en lui le moindre mouvement de vanité. — Le
plus pur désintéressement présidait à toutes ses
actions; c'est ainsi qu'il s'est fait l'adversaire des
priviléges à la conservation desquels il était l'un
des plus intéressés, désintéressement si rare que
bien peu le comprenaient. « Pourquoi voulez-vous
innover, Monsieur, lui disait un fermier général,
est-ce que nous ne sommes pas bien ? » Ce savant
modeste et consciencieux, qu'un historien célèbre
a traité d'*ambitieux sans scrupule*, eut souvent l'occasion de saisir les positions les plus élevées: Turgot
lui offrit une place dans son ministère: il accepta
l'emploi où il espérait se rendre utile, et en refusa

les appointements. Au début de la Révolution, on lui proposa vainement de le faire nommer précepteur du dauphin; un peu plus tard il refusa encore le ministère de la marine, qu'il fit donner à Monge.

Qui voyait pour la première fois Condorcet, son maintien un peu gauche et timide, cet air froid et distrait, cette indifférence aux disputes et aux compétitions personnelles, croyait avoir affaire à un caractère indécis et sans fermeté. Mme Roland s'y trompa elle-même lorsqu'elle écrivit : « On peut dire de l'intelligence de Condorcet, comparée à son caractère, que c'est une liqueur fine imbibée dans du coton. » Vous savez, Messieurs, si chez Condorcet le courage et la volonté étaient au-dessous du talent, s'il hésitait et s'il calculait lorsqu'il fallait, au prix de sa vie, se prononcer dans quelque question de justice et d'intérêt public. Aussi dans une touchante épître qu'il adressa à sa femme pendant sa proscription, et qui est la seule poésie qu'il ait jamais composée, il a pu écrire ces beaux vers bien dignes de terminer son éloge, et auxquels je n'ai rien à ajouter :

Ne crains pas que jamais je succombe à mon sort ;
Je puis le soutenir, je n'ai point de remords.
Ils m'ont dit : Choisis d'être oppresseur ou victime,
J'embrassai le malheur et leur laissai le crime.